Josef Wiedemann   ANTONI GAUDI
　　　　　　　　　Inspiration in Architektur
　　　　　　　　　und Handwerk

Reihe der Bayerischen Akademie der Schönen Künste 14

Verlag Georg D. W. Callwey München

Antoni Gaudí in einer Prozession

Josef Wiedemann

ANTONI GAUDI
Inspiration in Architektur
und Handwerk

Josef Wiedemann, o. Mitglied der Akademie, hielt diesen Vortrag im Spanischen Kulturinstitut in München am 13. März 1974. Anlaß war die Würdigung des Werkes von Antoni Gaudí auf der Ausstellung ›Exempla‹ im Rahmen der Internationalen Handwerksmesse in München 1974.

Umschlagvignette: Konstruktionsschema einer Stützmauer im Park Güell.

ISBN 3 7667 0318 8
© 1974 by Verlag Georg D. W. Callwey, München
Alle Rechte vorbehalten, auch die des auszugsweisen Abdruckes, der photographischen Wiedergabe und der Übersetzung.
Satz und Druck: Kastner & Callwey, München
Bindung: Thomas, Augsburg
Printed in Germany

Eine Ausstellung, die exemplarisch zeigen will, was heute Handwerk ist, oder sein soll, hat im Werk von Antoni Gaudí und in seiner Persönlichkeit ein einzigartiges Beispiel; Anlaß genug, dazu auch etwas zu sagen. Ich freue mich, daß mir diese Aufgabe zufällt.
Gaudís Werk soll hier nicht als interessanter Beitrag zur Geschichte der Architektur gezeigt werden; es geht um mehr: Um die immer neu gestellte Frage nach der Gestalt, nach der Kunst und damit auch nach dem Handwerk. Das ist nichts anderes, als die Frage nach dem Sinn unseres Tuns und Lassens. Seit meiner Studentenzeit ist mir Gaudí ein Begriff. In Abbildungen und kurzen Abhandlungen begegnete er mir immer wieder, und ich stand ihm immer wieder staunend, zum Teil verständnislos gegenüber. Junge Leute sind vielleicht nicht ohne weiteres in der Lage, ihn ganz zu verstehen, waren es jedenfalls damals nicht. Mit dem bayerischen Barock ist es ähnlich, bis vor wenigen Jahren galt das auch für den Jugendstil.
Später erst, als ich in die schöne Stadt am Meer kam — Barcelona — und Gaudís Bauten selber erlebte, war ich überwältigt. Raum, Gestalt, vor allem Architektur als raumplastisches Gebilde kann nicht aus Abbildungen begriffen werden. Schon das Wort »begreifen« sagt aus, daß es sich um einen sinnlichen Vorgang handelt. Wir müssen nicht nur mit eigenen Augen sehen, wir müssen auch hören — im Raum ist Hören weitreichender als

Sehen — und müssen fühlen; das heißt: Wir müssen erleben. Eine Architektur dagegen, die ganz aus der Logik eines geometrischen Systems von Achsen errichtet ist, läßt sich aus Abbildungen, aus dem Plan, eher noch verstehen. Zwar ist die gleiche Logik bei Gaudí wirksam, nur vielgestaltiger und verborgen. Sein Werk ist ein raumplastisches Gebilde, in welchem Farbe, Oberfläche, technische Durchbildung, architektonische Vollkommenheit ebenso wie handwerkliche Meisterschaft zu einem seltenen Ereignis werden. Dieses Werk braucht das unmittelbare Anschauen, Anhören, das unmittelbare Erleben.
Antoni Gaudí in der offiziellen Fachliteratur zu begegnen, war vor Jahrzehnten noch selten. Wenn, dann nur spärlich. Den Bauforschern fällt es offenbar nicht leicht, ihn richtig in eine logische Entwicklung einzuordnen. Geschichte und Persönlichkeiten sind allerdings kaum kausal zu verstehen; sie sind Tatsachen. Und wahrhaft künstlerische Werke noch weniger, sie kommen Offenbarungen gleich.
Für Nikolaus Pevsner ist Gaudí in ›Wegbereiter moderner Formgebung‹ »vom Beginn seiner Laufbahn bis zu seinem Tode so sehr Außenseiter, mit einem Hintergrund, der so verschieden ist von dem irgendeines anderen Wegbereiters im späten 19. Jahrhundert, und mit einer Entwicklung, die sich von der des modernen Stils so unterscheidet, daß man in Verlegenheit gerät, wo auch immer man ihm seinen historischen Platz anzuweisen versucht.«
Ein Platz kann Gaudí tatsächlich nie und nirgends »angewiesen« werden. Der auf eine andere Weise verschwiegene Zeitgenosse Heinrich Tessenow, der Architekt aus Pommern, ist für Pevsner gleich überhaupt nicht vorhanden.

Leonardo Benevolo widmet Gaudí in seiner hervorragenden ›Geschichte der Architektur des 19. und 20. Jahrhunderts‹ weniger als eine halbe Seite Text mit der abschließenden Feststellung: »Gaudí ist eine Persönlichkeit von hohem Rang, und in einer anders gearteten Abhandlung müßte eingehender über ihn gesprochen werden.«
Und Giedion erwähnt Gaudí in dem umfassenden ›Space, Time and Architecture‹ nur im Zusammenhang mit Borrominis »großer Erfindung, der wellenförmigen Wand« — wie er es ausdrückt. Jahre später in ›Architektur und das Phänomen des Wandels‹ sieht Giedion nach der plastischen Architektur — Griechenland, Ägypten — und der räumliche — römische Antike, Mittelalter, Renaissance, Barock — in naher Zukunft die plastische Raum-Architektur kommen. Manchmal wird von einem Einzelnen die Zukunft schon vorweggenommen. Ein solcher ist Antoni Gaudí.
Seit seinem Tode sind noch keine 50 Jahre verstrichen. Am 7. Juni 1926 wird ein ärmlich gekleideter alter Mann in das Armenhospital von Santa Cruz in Barcelona eingeliefert. Er war von einer Trambahn angefahren worden. Der Priester der Gemeinde el Templo Expiatorio de la Sagrada Familia erkennt in dem Verunglückten den Architekten seiner Kirche, Antoni Gaudí. Drei Tage später ist dieser tot.
Die Welt nimmt vom Tode des ungewöhnlichen Mannes, der am Ort seines Wirkens — in Barcelona — wohlbekannt war und bewundert wurde, keine Notiz.
Unter den Großen seiner Zeit außerhalb Spaniens allerdings, war Gaudí nicht unbekannt. Le Corbusier notiert, als er einmal auf einer Reise in

Barcelona Station macht, auf einer Skizze ›Gaudí‹ und schreibt später über diesen kurzen Aufenthalt:
»...Das Ereignis Gaudí trat in Erscheinung...« »Was es in Barcelona gab — Gaudí — war das Werk eines Mannes von einer Kraft und einem Glauben, ebenso außergewöhnlich, wie seine technischen Fähigkeiten, die sich in seinem Leben auf dem Bauplatz manifestierten. Gaudí war ein großer Künstler; nur diejenigen, die das empfindsame Herz des Menschen bewegen, bleiben und werden bestehen...«
Auch Albert Schweitzer erinnert sich in seiner Autobiographie ›Aus meinem Leben und Denken‹ an Gaudí:
»Unvergeßlich ist mir, wie er mich in seiner Bauhütte neben der Kirche... in seine mystische, allenthalben Symbole der Göttlichen Dreieinigkeit aufzeigende Lehre von den in der geformten Linie waltenden Proportionen einführte... ›Auf französisch, deutsch oder englisch läßt sich das nicht ausdrücken‹, sagt er. ›Darum erkläre ich es Dir auf katalanisch, und Du wirst es begreifen, obwohl Du die Sprache nicht verstehst.‹«
Woraus schöpft dieser einsame, eigenartige Mann? Die Faszination, die sein Werk ausstrahlt, läßt uns zuerst fragen: Wo kommt er her?
Antoni Gaudí wird 1852 in dem Städtchen Reus in der Provinz Tarragona geboren, südwestlich von Barcelona, etwa 100 km entfernt. Der Vater war Kesselschmied; seine Mutter starb, als er noch Kind war.
Gaudí ist hineingeboren in eine Zeit, in der die Industrialisierung beginnt sichtbar und spürbar zu werden und entscheidend auf das Bauen einzuwirken. Das Interesse an neuen Werkstoffen wird wach. Gleichzeitig behauptet sich

Dach der Gemeindeschule der Sagrada Familia, 1909; mit Skizze von Le Corbusier aus dem Jahre 1928.

Barcelone

Gaudi

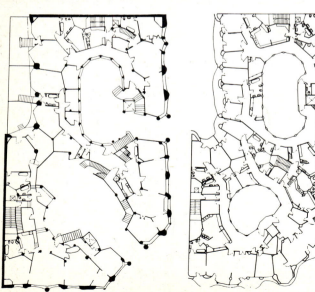

Haus Milá, 1905—10, Ansicht, Grundrisse und Einzelheiten

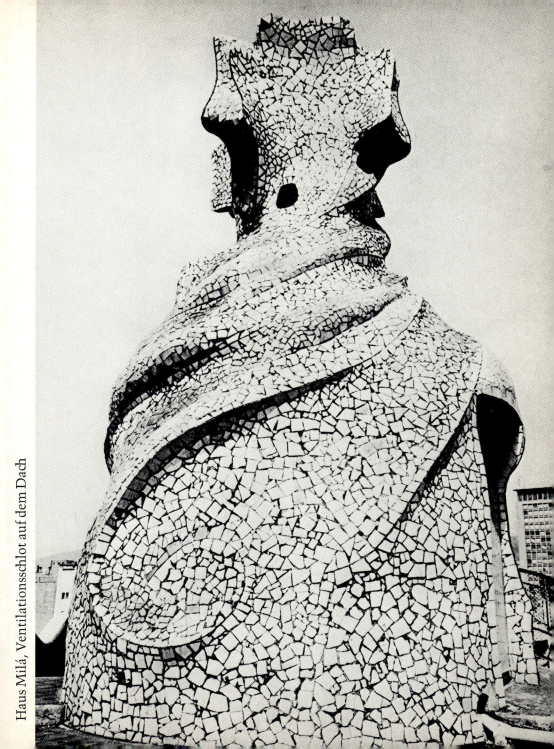

Haus Milá, Ventilationsschlot auf dem Dach

Wohnzimmerdecke

Haus Milá, Tor

dagegen in der Auseinandersetzung mit dem Geist der Erneuerung, der Ende des 19., Anfang des 20. Jahrhunderts ganz Europa durchdringt, der Eklektizismus bewußter denn je. Im Literarischen kommt das am intensivsten zum Ausdruck. Aber auch Dichtung, Malerei, Plastik und Architektur werden in gleicher Weise erfaßt.

Die Weltausstellungen, damals wahre Offenbarungen, steigern Kommunikation und Diskussion. Neue Zeitschriften und Gruppen fördern den enormen Auftrieb. Von der ersten Weltausstellung in London 1851, mit dem berühmten Kristallpalast, bis zur Pariser Weltausstellung von 1889, zur Jahrhundertfeier der Erstürmung der Bastille, wird mit Riesenschritten ein konsequenter Weg verfolgt. Zur gleichen Zeit errichtet Paris den 300 m hohen Eiffelturm — trotz des Protestes von Schriftstellern, Malern, Bildhauern und Architekten gegen das Ingenieurbauwerk. Die Technik, die Industrie, der Ingenieur erobern eine bedeutende Position.

Die grundlegende Auseinandersetzung beginnt auf geistiger Ebene bereits früher mit Ruskin, Morris und Viollet le Duc. John Ruskin, von Benevolo ›Lehrmeister seiner Generation‹ genannt, stellt schon sehr eindringlich die Frage: »Da euer Stil so sehr auf den Zweck gerichtet ist — mit seinen endlosen Perspektiven schwarzer Skelette und blendender Quadrate — höre ich nicht auf zu fragen: Was folgt danach?« Seine Frage ist heute noch nicht verstummt; auch nicht seine Forderung nach Übereinstimmung von Inhalt und Form, im Bau also von Grund- und Aufriß. Ebenso grundsätzlich lehnt William Morris die Maschine ab. »Die schöpferische Handarbeit« führt nach ihm »zur Beglückung des Menschen«.

Viollet le Duc, der große Theoretiker der Architektur, setzt sich leidenschaftlich für die Befreiung vom Eklektizismus ein. Die Baukunst in Regeln zu fassen, wie es Palladio und Vignola lehren, erscheint ihm als Verflachung gegenüber der Baukunst des Mittelalters. Nach Viollet le Duc soll der Architekt die Meisterwerke der Vergangenheit studieren und analysieren und nicht deren Formen übernehmen, sondern die daraus gewonnenen Erkenntnisse und bleibenden Gesetze auf seine gegenwärtigen Probleme anwenden. Auf der einen Seite steht noch die akademische Auffassung von Kunst und Architektur; auf der anderen schafft die Avantgarde — ganz dem Primat der Phantasie verpflichtet — eine neue Formensprache, scheinbar unabhängig von historischen Vorbildern und ledig jeder akademischen Regel: Victor Horta in Brüssel, in Glasgow Ch. R. Mackintosh, Otto Wagner und Adolf Loos in Wien, J. M. Olbrich und Henry Van de Velde in Darmstadt.

Die heftige Auseinandersetzung gründete tiefer und reichte weiter, als damals sichtbar wurde. Heute sehen wir in dem Vorgang eine tiefgreifende Säkularisierung. Der Mythos wird zur Allegorie, Kraft und Geheimnis des Symbols verblassen zum bloßen Gleichnis, die Bewegung erstarrt zur Pose. Das Ornament verwelkt, nicht mehr genährt aus dem natürlichen Dasein, dessen Blüte es war als Schmuck, als Bestimmung oder Auszeichnung.

In der Spaltung von Kunst und Handwerk wird die Trennung von Kunst und Leben sichtbar. Das Handwerk verirrt sich im Konkurrieren mit der Perfektion der Industrie. Die Begriffe Kunsthandwerk und Kunstgewerbe verdeutlichen die Situation. ›Grauer Alltag‹ und ›Hohe Kunst‹ stehen einander fremd gegenüber. Überlieferung und neuer Geist werden zu Gegensätzen, so wie

Gebautes und technische Gestalt, Handwerk und industrielle Produktion. Auch Architekt und Ingenieur werden zu Rivalen. Ehedem waren sie eine Person.

Das alles ereignet sich vor 1900. Die Intensität dieser Entwicklung reicht noch zwei Jahrzehnte weiter. Die kurze Zeitspanne von 1880 bis 1926 umfaßt den Impressionismus, Fauvismus, Jugendstil, Futurismus, Kubismus, Dadaismus — bis zum Beginn des Surrealismus. 1880 bis 1926 ist die Zeit, in der auch Gaudí wirkt.

Das Manifest von Walter Gropius 1919, die Satzungen des ›Staatlichen Bauhauses zu Weimar‹ und die Ziele des Deutschen Werkbundes spiegeln die Probleme wider. Sie sind der Anfang eines Weges aus den Trümmern einer Kultur, der bis in die Gegenwart herüber führt.

Mit diesem kurzen Rückblick ist die Welt angedeutet, in der Antoni Gaudí steht. Wir müssen uns bewußt machen, daß keine 70 Jahre zwischen damals und heute liegen. Obwohl wir an dieser Entwicklung in vieler Hinsicht unmittelbar anknüpfen, ist sie — durch die Erschütterungen zweier Weltkriege — für uns wie auf dem jenseitigen Ufer des Flusses der Zeit, zu dem nur wenige Brücken noch hinüberführen.

Wie Gaudí von all diesen Strömungen ergriffen wird, wissen wir nicht im einzelnen. Daß er sie kannte, ist sicher. Aber in seinem Werk ist nirgends eine direkte Nachfolge oder enge Verwandtschaft mit einem dieser »Ismen« nachzuweisen. Gaudí geht seinen eigenen Weg. Um so mehr fragen wir nach dem Ursprung seines Wirkens.

Worin es zutiefst wurzelt, ist natürlicherweise seine Heimat: Katalonien.

Aus dem gleichen Boden stammen noch andere ungewöhnliche und eigenständige Talente: Picasso, Salvador Dali, Miró. Katalonien ist seit je ein Sammelbecken kultureller Strömungen. Früh mit den Baumethoden des östlichen Mittelmeeres vertraut, wird das Mauern von Schalen und Gewölben bis in die Gegenwart geübt. Das ›Katalanische Gewölbe‹, das ohne Zuganker und Lehrgerüst mit Flachziegeln von 2,5 cm Stärke bis zu 14 m überspannt, ist heute noch bekannt. Die Tradition ist über Jahrhunderte lebendig geblieben. Mit den Arabern kommt die Keramikfliese als neues Element der Wand und bringt die verfeinerte Struktur, das der Architektur einverleibte Ornament und leuchtende Farben.

Die romanische und gotische Weise aus dem Norden wird weiter entwickelt, dem besonderen Klima des Landes und dem Licht gemäß. Die Westgoten — zu beiden Seiten der Pyrenäen — bringen vor den Moslems byzantinische Einflüsse nach Spanien, vermischt mit römischen Elementen, auf dem Weg von Persien und Syrien über die Nordküste Afrikas.

Die Gotik ist mehr als jeder andere Stil den Katalanen wesensnah. In der zweiten Hälfte des 19. Jahrhunderts, wie die nationalistische Bewegung in Barcelona wächst, blüht die Gotik wieder auf. Sie verbindet dort nationale mit religiösen Vorstellungen und konstruktive Probleme mit solchen der Gestalt. Die katalanische Gotik ist für die Entwicklung Gaudís von ebenso starkem Einfluß, wie die Schriften von Viollet le Duc.

Was Gaudí von seiner engeren Heimat, seiner Familie, mitbekommt, ist vor allem das Handwerk. Er ist selber gelernter Schmied. Das Handwerk ist ganz allgemein ein ausgezeichneter Lehrmeister. Walter Gropius spricht es aus:

»Die Grundlage des Werkmäßigen ist unerläßlich für jeden Künstler. Dort ist der Urquell des schöpferischen Gestaltens.«
Die Erkenntnis ist alt. Schon Dschuang Dsi berichtet von diesem Wunder in der Geschichte vom Schnitzer des Glockenständers. Der Psychotherapeut unserer Zeit findet darin die Kraft zu heilen.
Denn Handwerk ist nicht nur ein vielseitiges, sondern ein ganzheitliches Tun. Vom Beginn bis zur Fertigstellung sind logisches Denken, räumliches Vorstellen und richtiges, d. h. materialgerechtes Machen eins. Die Sensibilität für Form, der Sinn für konstruktives Denken und Bilden und das gesteigerte Empfinden für das Material, seine Möglichkeiten, seine Struktur, seine Oberfläche ist nur im Tun, im Handwerk, zu erfahren. Die spirituelle und die sinnliche Intensität des Schaffens bleiben im Gegenstand und strahlen aus. In dem Handwerk, mit dem Gaudí aufwuchs, dem Schmieden, dem Treiben, dem Formen von Kupfer, ist das Geheimnis seines besonderen Schaffens verborgen. Der Kessel-, der Kupferschmied formt seine Gefäße von innen nach außen. Nicht von außen her, im Zusammenfügen von verschiedenen Elementen, wie Boden, Wand, Decke, sondern von innen, vom Volumen wird durch das dünne, formbare Material die Gestalt. Aus der ebenen Fläche treibt er Rundungen, Schalen, Wölbungen und Becken. Nicht der Körper, sondern der volle, der unperspektivische Raum ist das entscheidende, das gestaltende Element. Gaudí sagt selber: »Ich habe die Gabe, den Raum zu sehen, weil ich der Sohn, Enkel und Urenkel von Kesselschmieden bin.«
Ganz anders ist der Vorgang beim Steinmetzen. Mit diesem Handwerk ist Mies van der Rohe aufgewachsen. Das Zurichten des Steines geht vom

rechten Winkel, vom Kubus aus und schafft ebene Flächen, die senkrecht aufeinanderstoßen. Der Steinmetz arbeitet vom ungefügen Steinbrocken Material ab, um von der unbestimmten Masse zur Ebene... zum Kubus zu kommen. Der Kesselschmied verarbeitet sein Stück Metall, streckt, rundet, schiebt es zusammen, spannt und verlötet oder schweißt. Auch bei geringer Stärke wird es durch die Spannung widerstandsfähig gegen Druck und Zug. Boden und Wandung sind ein Ganzes, eines geht ins andere über.
Wesentliches ist noch anzuführen, das Antoni Gaudí in der Werkstatt mitbekommt: Das Handwerk kultiviert nicht nur den sinnlichen Verstand und eint Denken und Handeln, sondern weckt auch die Treue zur Arbeit und die Liebe zur Sache. Da wächst unversehens mit der menschlichen Ganzheit die ethische Qualität. Im Handwerk ist sie unmittelbar mit der Arbeit verbunden. Hier liegt der tiefere Grund, warum Handwerk als Therapie immer mehr Gewicht erhält. Wenn heute so viel über Ganzheit gesprochen und geschrieben wird und über ›Leiberfahrung‹, ohne einen Weg weisen zu können, der für uns gangbar ist: im Handwerk ist er zu finden.
Auf diesem Weg fand Gaudí das Kräftespiel von Aktion und Reaktion. Ein Gespür dafür mag sich in dem Katalanen schon von Kind an entwickelt haben.
In seiner Heimat sind die sogenannten »Castells« bekannt. Das sind Türme aus Menschen gebildet. Da steht einer auf den Schultern des anderen, bis zu 9 Stockwerken hoch. Dieses Spiel zeigt symbolhaft die entscheidenden Impulse in Gaudís Werk. Einmal wird sichtbar, wie einer auf dem anderen steht, wie echte Entwicklung nicht in der Luft hängt, sondern nur auf Vor-

handenem aufbauen kann und bereit ist, einen Jüngeren wieder auf seine Schultern zu nehmen. Zum anderen zeigt es die Ausgewogenheit einer differenzierten, lebendigen Gestalt, die zur Ruhe kommt, indem sie ständig in Bewegung bleibt. Sobald die Bewegung darin aufhört, verliert sie ihr Gleichgewicht.

Solches Kräftespiel ist das erregende Element in Gaudís Konstruktionen, in Gaudís Architektur. Das ist ganz neu. Weder in der Antike, noch im Mittelalter ist es zu finden. Gaudí vermißt es auch in der Gotik. Für ihn ist ein System von starren, getrennten Elementen, von senkrechter Stütze mit Hilfskonstruktionen zum stufenweisen Abfangen der Last, architektonisch noch keine Lösung.

Wir sind den Quellen nachgegangen, aus denen Gaudí schöpft. Was aus dem Zustrom werden kann, hängt nicht nur von ihm selber ab. Die Zeit ist günstig, um seine Anlagen zur Entfaltung zu bringen.

Der schnelle industrielle Aufstieg Barcelonas im 19. Jahrhundert fördert die architektonische Entwicklung durch neue Bauaufgaben. Die Wälle der Altstadt werden niedergerissen und die Stadt dehnt sich nun bis zu den neuen Industrievorstädten an den Bergen und der Küste aus.

In dieser dem Neuen geöffneten Heimat wird Gaudí groß, im doppelten Wortsinn.

Wie die meisten jungen Katalanen seiner Zeit ist Gaudí ein leidenschaftlicher Nationalist. Das Nationalbewußtsein fördert die Wertschätzung der historischen Stätten und Bauten. Schon während seiner Gymnasialzeit gehört er einem literarischen Kreis an, der eine vervielfältigte Zeitschrift herausgibt.

Mit Gesinnungsgenossen besucht er die Heiligtümer patriotischen Stolzes und mittelalterlicher Größe, wie Montserrat, Elue, Mallorca, Pic de la Maladeta und Toulouse. Auch Carcassonne sucht er auf, als Viollet le Duc dort seine Restaurierungsarbeiten beginnt. Die Gruppe ›Centre Excursionista‹ ist auch von dem Entschluß beseelt, das zerstörte und säkularisierte Kloster Poblet wieder herzustellen. Der ehrwürdige Bau soll nicht zum Museumsstück gemacht, sondern zu neuem Leben erweckt werden.
Von solchen romantischen Ideen beflügelt und getragen von einer glühenden Liebe zur Heimat, beginnt Gaudí sein Studium an der Escuela Superior de Arquitectura in Barcelona. Er ist zwanzig.
Seine Herkunft, die Verwurzelung in seiner Heimat, die Tradition aus dem Handwerk und die Bedingungen der Zeit sind hier nur fragmentarisch gezeichnet. Wie sich diese Keime entfalten, wird in seinem Schaffen sichtbar. Gaudí beschäftigt sich anfangs intensiv mit sozialen Problemen. Seine erste städtebauliche Planung gilt der Entwicklung von Arbeiterhäusern mit einer Fabrik und sozialen Einrichtungen, die auf der Idee der Genossenschaft fußt. Das Projekt wird auf der Pariser Weltausstellung 1878 gezeigt. Das Interesse am Arbeiterhaus erinnert uns wieder an Heinrich Tessenow.
Sein erster ausgeführter Entwurf ist eine monumentale Brunnenanlage im alten Park der Zitadelle von Barcelona. Anschließend werden zwei Wohnhäuser ausgeführt, mit bemerkenswerten Schmiedearbeiten. Gaudí ist selber ein ausgezeichneter Handwerker. Viele Torgitter, Treppengeländer und Fensterbrüstungen sind von ihm nicht nur entworfen, sondern auch eigenhändig geschmiedet. In seinen späten Jahren haut er auch Bildwerke in Stein.

Haus Batlló
Ansicht und
Grundriß 1. OG

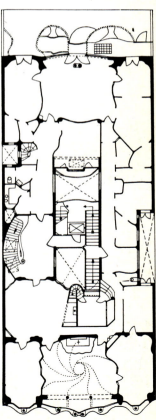

Haus Batlló, Glasdach　　　　Palazzo Güell, Rampe

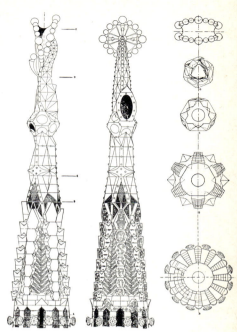

Sagrada Familia,
unvollendete Ansicht
und Turmendigungen

Knochen und Meeresschnecke

Linke Seite oben: Sagrada Familia,
Ideenskizze und Schnitt; unten: Innenraum-Modell
und Aufbau eines Röhrenknochens

Sagrada Familia, Mittelportal

1883 erhält Gaudí vom Grafen Eusebi Güell, der sein Freund und Förderer wird, den Auftrag für ein Pförtnerhaus mit Tor und Stallungen. Schon bei diesem bescheidenen Auftrag zeigt Gaudí seine Vertrautheit mit Werkstoffen und ihrer Wirkung im Licht. Nebengebäude sind immer der Ausweis für Architekt und Bauherrn. Oft genügt z. B schon das Pfarrhaus, um sich ein Bild zu machen von der Kirche.

Das Wohnhaus Güell, das Gaudí anschließend baut, wird ein Treffpunkt für Künstler, Politiker, Dichter, Geistliche, Musiker und Maler. Der durch drei Stockwerke reichende Zentralraum ist für die Musik bestimmt. Die räumliche Differenziertheit, die vielfältige Belichtung, die handwerkliche Durchbildung sind einzigartig. Gaudí ist ständiger Gast im Hause des weitgereisten, einflußreichen Grafen. Hier wird er mit allen Strömungen der Zeit bekannt. Um das Thema zu begrenzen, soll auf nur vier wesentliche Bauwerke Gaudís eingegangen werden, in denen sein Schaffen besonders sichtbar wird:

Das Haus Milá, auch ›la Pedrera‹ genannt, — der Steinbruch — mit einem Blick auf das Haus Batlló; beides sind Wohnhäuser;
die Sühnekirche der Heiligen Familie, die ›Sagrada Familia‹;
der Park Güell auf dem Montaña Pelada;
und die Kapelle in der Colonia Güell, in Santa Coloma.
Alle stehen in Barcelona.

Casa Milá wird 1905 bis 1910 geplant. Das Haus steht in einer Kreuzung an der Rambla. Die Formen dieses ungewöhnlichen Hauses sind wie von innen heraus getrieben, gestreckt, gestaucht und zur Einheit verlötet. Innen und

Außen, Konkaves und Konvexes, Ganzes und Einzelnes, Wand und Dach sind ein ungeteiltes Ganzes, vom gleichen Rhythmus durchpulst. Was üblich mit Fassade bezeichnet ist, wird in der Senkrechten zur weitgeschwungenen Fläche, zum eingebuchteten Loch, was sonst nur Fenster ist, und in der Waagrechten zur bewegten Landschaft, was bis zur Moderne als Dach erschien. Im Spiel der Höhlungen und Wölbungen lösen sich Elemente heraus zur Säule, zum Schaft, werden zur vielgestaltigen Lippe der Brüstungen, in den geschlossenen Rundungen des dichten Steines intensiviert durch frei geschmiedetes eisernes Rankenwerk. Nach oben schwingt der Rhythmus aus in blumen-, muschel-, pflanzenhaften Gebilden oder in überlebensgroßen Masken.
Die Kraft der plastischen Bildung und die Dichte des Volumens sind von ungewöhnlicher Wirkung. Die mächtige, gleichsam im Rhythmus atmende Skulptur Casa Milá ist wie ein organischer Körper, ein animalisches Wesen mit Intelligenz, ein Urbild von Gestalt. Der Homo ludens ist am Werk, der Kesselschmied, der Meister. Das Licht wandert den Tag über in unerschöpflichen Schattierungen, taucht in die Höhlungen der Fenster und umfängt die sich vom Grunde lösenden Säulen. Die Gegensätze Hell und Dunkel brechen nicht auseinander, sondern spielen zusammen, bedingen einander in voller Harmonie.
Die Haut seiner Gebäude, ihre Struktur, die Licht- und Schattenwirkungen, die ihnen das Leben vermitteln, studiert und realisiert Gaudí bis in die letzten Einzelheiten. Architektur ist für ihn ›die Ordnung des Lichtes‹. Ordnung nicht als Reglementierung verstanden, als mathematische, geometrische Fest-

legung, wie sie der genaue rechte Winkel und die plane Fläche erzwingen, sondern als freies Spiel von Hell und Dunkel, in schwebendem Gleichgewicht. Gaudí plante für das Haus Milá eine große Madonna mit dem Jesuskind zwischen zwei Engeln, die nicht mehr zur Ausführung kam. Das war für ihn nicht Schmuck im Sinne von Dekoration, sondern von Deutung, von Steigerung, von Vollendung.

Das Dach — in Mitteleuropa als Flachdach schon lange geistlose Demonstration der Modernität — ist bei Gaudí nichts anderes, als das Ganze. So wie der Begriff der Fassade bei ihm als eigenes Element nicht mehr existiert, so auch nicht das Dach. Alles ist raumplastisches Gebilde. Auch im Dach wirkt Gaudí als Plastiker von ursprünglicher Kraft. Das ganze Gebilde wird zur Landschaft. Darin sind die Luftschächte und Schornsteine als Skulpturen zur Gestalt gebracht mit einer räumlichen und plastischen Dichte und Intensität, wie wir sie bei den stärksten Arbeiten aus Schwarz-Afrika finden. Unsere phantasielosen Flachdächer dagegen demonstrieren mit ihren Kiesflächen und Dunsthauben die Trostlosigkeit der zubetonierten Erde.

Wie alle Bauten Gaudís, so ist auch dieses Wohnhaus nicht allein als Spiel aus der Phantasie, aus künstlerischer Intuition geschaffen. Das Durchdenken jeder Funktion ist für ihn so wesentlich, wie das raumplastische Gestalten. Er verzichtet zugunsten größerer Flexibilität auf Tragwände und legt für Fahrzeuge eine Rampe in die Kellergeschosse an, die er in seiner Planung bis zum Dachgeschoß führt. Gaudí ist Künstler, Handwerker und Techniker in einem, was ja von altersher den Begriff ›Architekt‹ ausmacht.

Allerdings ist Funktion bei Gaudí nicht nur verstanden als auf Bewegungs-

vorgänge, auf ›Wohnmaschine‹ reduzierte Kausalität. Seine Grundrisse — Haus Güell, Casa Milá, Haus Batlló, Kapelle in Santa Coloma — sind so gründlich durchdacht, wie sensibel empfunden. Sie sind Choreographien menschlichen Verhaltens, sind wie Ornamente animalischen Lebens.
Das Werk, an dem Gaudí über 43 Jahre arbeitet, ist die Kirche El Temple Expiatorio de la Sagrada Familia. Vor seiner Beauftragung sind die Fundamente schon gelegt, von einer neugotischen Grundidee ausgehend, die nicht von ihm stammt. Gaudí gibt sich dieser Arbeit mit Leib und Seele hin. Jahre vergehen, bis das Werk verstanden wird. Gaudí selber versteht seinen Bau als mystische Dichtung, als »Himmelsstadt«, erfüllt von Symbolen, getragen von seinem tiefen Glauben an die christliche Offenbarung und komponiert aus der in der Heilsgeschichte wurzelnden Liturgie. Die vier hohen Türme im Osten sind weithin sichtbar. Über dem Portal entwickelt sich eine üppig blühende Vegetation von pflanzenhaften Gebilden mit irritierend naturgetreuen menschlichen Figuren. Diesen verwirrenden Gegensatz von phantastischer Natur und realer Welt, von Traum und Wirklichkeit, erreicht Gaudí durch Gipsabgüsse von lebenden Modellen. Die Intelligenz darin verrät den Meister, der in Gegensätzen die Harmonie erreicht.
Die Statik dieses Gebäudes kommt nicht aus der gewohnten, festen Vorstellung von senkrechter Stütze und liegender Last oder von aufgesetztem Gewölbe mit großen Schubkräften, die durch Strebebogen immer wieder abgefangen werden, bis sie gebunden sind. »Krücken« hat sie Gaudí genannt. Bei ihm ist Statik nicht bloße Berechnung, nicht nur Konstruktion, sondern organisches Gefüge. Die Übergänge sind dem Kraftansatz entsprechend mar-

kiert wie bei Gelenken. Gaudí entwickelt die Statik so konsequent aus dem Grundriß, wie der Baum aus dem Wurzelstock die Krone. Sie wird bei ihm zum Wesenselement der Raumgestalt, zum lebendigen Spiel der Kräfte, wie bei den lebenden Castells; sie hält sich in sich selbst im Gleichgewicht. Der Gegensatz von Tragen und Getragenem ist aufgehoben wie beim Tanz.
Das Profil seiner Gewölbe ist das einer Parabel. Es ist genau die Linie einer Kette, die lose an den beiden Endpunkten aufgehängt wird. Das Ganze ist auf den Kopf gestellt zu denken. Stützen und Säulen sind im Verlauf der Kräfte geneigt, also mit den Gewölben eine Einheit.
Bei diesem ungewöhnlichen Bau kommt Gaudí mehr und mehr vom Zeichentisch weg zur Werkstatt, zum Modell, zum Improvisieren und Arbeiten an der Baustelle. Ich erinnere an Heinrich Tessenow: »Die Werkstatt ist wichtiger, als das Atelier«.
Von der Decke in Gaudís Werkstatt hängt ein System von Drähten mit Gewichten, die sich proportional zu den Lasten verhalten, die von den Strukturen aufzunehmen sind. Auf den Kopf gestellt gibt das Drahtgehänge die statische, und mit ihr die raumplastische Gestalt. Auch komplizierte statische Strukturen studiert Gaudí am hängenden Modell. Seine Formen entwickelt er aus den Gesetzen des organischen Aufbaus der Natur: Knochen, Gelenk, Skelett, oder auch Abzweigung, Verastung, Rispenbildung, Muschel und Schneckenhaus. Gaudí ahmt die Natur nicht einfach nach, wie weitgehend der Jugendstil, sondern erspürt ihre verborgene Vernunft, ihre Gesetzlichkeit.
Bei der Sagrada Familia, der ›Kirche der Armen‹, arbeitet Gaudí nicht nur in seiner Werkstatt am Bauplatz, sondern auch am Bau selber. Die letzten Jahre

schläft er auch dort. Die Baustelle wird zum Ort seines Wirkens und seiner Träume.

Von 1914 an lehnt Gaudí jeden anderen Auftrag ab. Wie die Geldmittel zu Ende sind, geht er selber, um Spenden zu erbitten. Trotz der Notlage arbeitet Gaudí an seinen Plänen und Modellen unbeirrt weiter, ohne die geringsten Zugeständnisse zu machen. Die Plastiken am Ostportal haut er selber in Stein. Die Baustelle wird auch seine letzte Ruhestätte. In der Krypta ist er begraben. In der Kapelle der Colonia Güell, in Santa Coloma, die nicht vollendet wurde, kommt die Arbeitsweise Gaudís besonders zum Ausdruck. Der Raumkörper aus Ziegel und Basalt ist über einem Vieleck aus dem Drahtmodell entwickelt; mit Gewölben in der Form von hyperbolischen Paraboloiden und schräggestellten, der Projektion der Drahtlinien folgenden Säulen. Der Innenraum hat eine magische, geheimnisvolle Raumfülle. Wir erfahren darin gleichsam unseren eigenen atmenden Leib.

Um die Jahrhundertwende erhält Gaudí von Güell den Auftrag für eine Gartensiedlung auf dem Montaña Pelada. Um die Struktur nicht zu verletzen, studiert Gaudí gründlich die Topographie. Das ca. 15 ha umfassende Gelände wird durch ein organisches System von Straßen und Fußwegen erschlossen. Die Siedlung wird allerdings nicht gebaut, aber der wunderbare Garten wird geschaffen. Heute ist er öffentlicher Park, der den Besucher verzaubert. Sein eigenes Unbewußtes sieht er staunend als Garten, er geht in sich selber spazieren. Das Tellurische, das Unterirdische, bricht immer wieder durch zum Licht, Ordnung behauptet sich neben Chaos, die Wildheit ist in weiser Kenntnis in die Architektur gebunden. Überwachsene Stützmauern mit Stei-

nen wie Rinde, eine stille Grotte, Viadukte, gemauerte Bäume, die Häupter buschig bewachsen mit Ginster, Steinpflanzen, Thymian und dünnen Gräsern, eine immer wieder überraschende Vielfalt fängt uns ein und entläßt uns wieder. Der ganze Garten mit seiner großen, in Schwingungen umgrenzten Terrasse über der von dorischen Säulen getragenen Halle ist eine tänzerische Bewegung, ein großartiges Spiel von Natur und Architektur, von Material und Licht, von Farbe und Oberfläche, von Ratio und Imagination, von Dämonie und geläuterter Heiterkeit. In der Melodie der geschlungenen Linien und farbigen Ränder hat Gaudí einen tiefen Sinn verborgen. Die Keramikscherben tragen versteckte Inschriften zur Ehre und zum Lobe Mariens. ›Blume auf dem Feld‹; ›Ihre zarten Hände‹;
›Leib aus Sternen‹ ...
Mit dem Abfall der Glas- und Keramik-Industrie schafft Gaudí in Verbindung mit Ziegel, Werkstein und Beton die Haut seiner Gebilde und Gebäude. Die Struktur der Fugen überspannt wie ein Craquelé die Oberfläche, verfeinert den Maßstab und bindet die verschiedenen Formen und Farben zusammen. Bei jedem Schritt, bei jeder Wendung, beim Hinauf und Hinab wirken die Gedanken, das Herz und die Hand des Menschen Gaudí. In seinem Grundriß, in den Wänden, Fenstern, Türen, Gittern, Bänken, ist er leibhaftig zu spüren. Jedes große und kleine Raumproblem wird als Möglichkeit erkannt, ergriffen und gemeistert.
Die gründliche handwerkliche Erfahrung in Metall befähigt Gaudí, auch mit den neuen Werkstoffen — Glas, Eisen, Beton — sachgerecht und souverän umzugehen. Seine Bauten sind wohltuende Oasen in der Öde der Zweck-

bauten, sind Edelsteine in dem einförmigen Grau der Zeilen, sind von melodischem Rhythmus durchpulste Gebilde in der toten Masse der Umgebung. Alle seine raum-plastischen Gebilde sind durchdrungen von einer geistig-sinnlichen Intensität, die ihnen einwohnt und wirksam bleibt, über die Dauer des Materials hinaus. Wir spüren in ihnen — wie in der Hagia Sophia — unseren eigenen Atem gleichgehen mit dem Atem der Zeit. Die veraltete Frage nach dem Primat der Form vor dem Inhalt wird sinnlos, wenn beide ein und dasselbe sind, beide einander bedingen.
Das alles wirkt so absichtslos, als wäre es müheloses, heiteres Spiel. Die ganze Weite dieses Begriffes findet sich in Gaudís Werk. Für Huizinga ist Spiel Kontrast, Variation, Anmut, Heiterkeit, Spannung, Ganzheit, ist erfüllt von Rhythmus und Harmonie, ist Freude und verzaubert.
Vom Werk Gaudís kehren wir zum Schluß wieder zurück zu der Frage, die eingangs gestellt war: Kann Gaudí in seinem Wirken eine gültige Antwort geben auf unsere Probleme des Bildens, des Gestaltens, des Handwerks, der Kunst, der Architektur? Die Frage ist wichtig. Es ist zugleich die Frage nach dem Sinn, dem Inhalt unseres Tuns.
Wir stehen an einer ›Schwelle der Zeiten‹, wie es Hans Freyer ausdrückt. Haben wir uns nicht auf langem Wege dem Sinnenhaften mehr und mehr entfremdet, die Sinnenwelt gegen das Begriffliche, die nackte Zahl vertauscht? Führte das Denken nach Nützlichkeit und Zweck nicht zur Entfremdung vom unmittelbar Menschlichen, den Sinnen, der Hand und der Empfindungen? Verbraucht nicht menschenfremde Wissenschaft alle schöpferische Kraft?

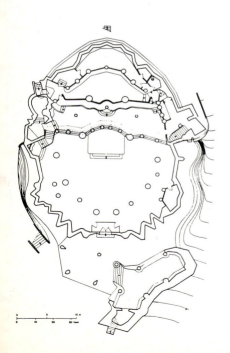

Kapelle in der Siedlung Güell.
Drahtmodell hängend und auf den
Kopf gestellt, mit Grundriß.
Umseitig Drahtmodell von innen.

Kapelle in der Siedlung Güell, Eingang zur Krypta

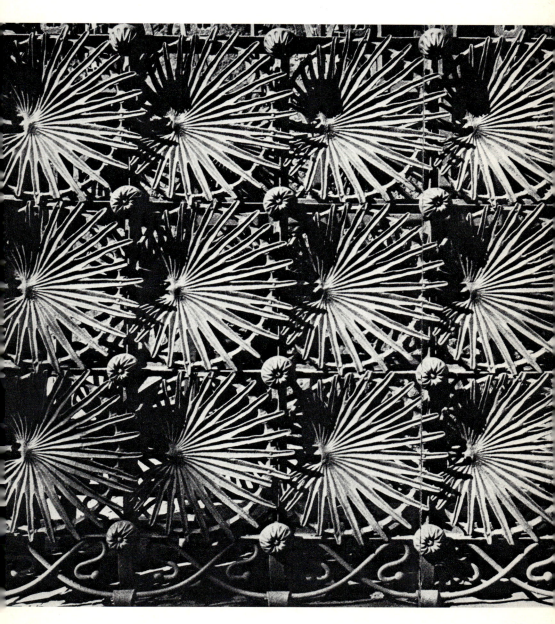

Schmiedeeisengitter im Park Güell

Gemauerte Bäume im Park Güell

Zu lange schon wird die Natur nur ausgebeutet. Das trifft genauso für den Menschen zu. Wir fangen erst an, diese Gefahr in ihrem ganzen Umfang zu erkennen, denn eine Krise wird hier so schnell nicht direkt sichtbar. Forrester hat nur die materielle Seite der Bedrohung angegangen.

Die Industrie, konkret der Industriebetrieb, appelliert im Grunde beständig an menschliche Eigenschaften, die in ihm selbst nicht gebildet, nicht einmal fortgebildet werden. Hans Freyer führt das weiter aus und fragt: »Woher stammen die Eigenschaften, ohne die der Betrieb nicht einen Tag funktionieren könnte: Die Selbstdisziplin, die Hilfsbereitschaft, die Selbstlosigkeit, der Opfersinn? Sie werden im durchrationalisierten Betrieb nur gebraucht, vielleicht sogar verbraucht.« Die Eigenschaften, von denen da gezehrt wird, sind das Erbe vergangener Kulturen, der bäuerlichen und der des Handwerks. Beide waren gelebtes Leben.

Nicht nur der Mensch, auch die Industrie verliert heute schon an Potenz, wenn sie nicht immer wieder genährt wird vom Handwerk, wenn sie die Kontinuität einbüßt. Es ist ein folgenschweres Mißverstehen, Geschichte nur als lästige Bindung aufzufassen und deshalb die Verbindung abzuschneiden. Zur Fessel wird Geschichte nur in der Nachahmung, in der Imitation. »Nicht im Zurückgreifen«, sagt Hans Freyer, »sondern in der Geschichtlichkeit unser selbst liegt das Erbe, das Geschichte bewirkt.« Ebenso verhängnisvoll ist es, Tradition als veraltet abzutun. Tradieren heißt nicht rückwärtswenden oder stehenbleiben, sondern weiterführen. Die Zusammengehörigkeit zwischen Fortschritt und Beharrung vermögen wir offenbar nicht mehr richtig zu erkennen; und doch sind es nach Freyer »die Atemzüge, die das Leben aus-

machen«. Unter Fortschritt wird zudem immer nur der wissenschaftlich-technische Bereich verstanden; das Menschliche bleibt ausgeklammert, es verarmt. In der organischen Welt haben wir längst lernen müssen, daß Monokulturen zur Verödung oder Entartung führen. Wie sollte das im menschlichen Bereich viel anders sein?
Natürlich können und sollen wir nicht zurück, auch nicht zurück zum ungeteilten Handwerk; wir brauchen beides: Handwerk und Industrie, so wie Phantasie und Berechnung, Handeln und Planen. Der Kurzschluß des nur rationalen Denkens führt immer wieder in die Sackgassen einseitiger Ideologien: Von der Entdeckung der sogenannten ›Neuen Sachlichkeit‹ zum Postulat der ›Logik der Form‹ — Form als Ergebnis aus der Konstruktion — und von ihr zum Evangelium: ›Form follows function‹ — der Funktion als dem allein formbildenden Element.
Jede dieser Findungen hat eine Wahrheit in sich; aber es sind nur Teilwahrheiten. Die halbe Wahrheit, nur die eine Seite, ist gefährlich. Entspringt ihr nicht der Kitsch? Zum Überleben geht es um die ganze Wahrheit: um Berechnung und Intuition, um Funktion und Phantasie, um Zeitbedingtes und zeitlos Gültiges. Gestalt ist mehr als Sachlichkeit, mehr als Konstruktion und mehr als Funktion, ja mehr auch als alle zusammen. Am Werke Gaudís wird es uns offenbar.
Das Bauhaus in Weimar hat die Einheit von Kunst, Handwerk und Technik zu seinem Programm gemacht und der Deutsche Werkbund, der 1907 in München gegründet wurde, geht diesen Weg in gleicher Richtung auf breiterer Basis. Davon unabhängig wird heute von vielen ein Weg gesucht, der aus

dem Labyrinth kurzschlüssiger Rationalität herausführt zu neuer Freiheit. Nach Freyer sind wir unserer Freiheit nicht beraubt, aber entwöhnt.
Werden Forderungen nach mehr Kunst im Bauen, oder Manifeste, in denen wahrhaftige Architektur verlangt wird, viel vermögen? Gaudís überzeugendes Manifest ist sein Werk. Wird fruchtbar sein können, wenn wir versuchen, an den Erscheinungen zu ändern? Die Ursachen liegen tiefer und reichen weiter als das, was sichtbar wird. Das Problem ist sehr komplex. Auch die so vielbesprochene Zerstörung unserer Umwelt ist nichts anderes als das Bild unserer eigenen Störung. Gesund wird diese Umwelt nicht durch Verbote und Gebote, sondern nur durch unsere eigene Gesundung.
Können wir sie erhoffen, solange noch Schulen gebaut werden ohne natürliche Belichtung und Belüftung? Das ist nicht mehr Umwelt-, sondern Selbstzerstörung.
Jeder ist heute ohnedies in ein menschenfremdes Sachsystem so gründlich eingebaut, daß Antriebe, die noch aus uns selbst entspringen, nicht mehr zum Ausdruck kommen. Für Jørn Utzon, den dänischen Architekten, ist oberstes Gesetz »Das Recht auf Ausdruck«. Ist Ausdruck etwas anderes als ein Sichtbarwerden des eigenen Antriebs, als die Freiheit einer Selbstverwirklichung aus innerer Notwendigkeit? Diese ist der Impuls in Gaudís Schaffen. Das schließt alle Spekulationen auf Wirkung, auf Gewinn, auf Originalität aus. Die absichtslose Wirkung von Gaudís Werk liegt in der »raumausstrahlenden Kraft der Volumen«, die Giedion in der zukünftigen Architektur erwartet. Bei Gaudí ist sie bereits Wirklichkeit. Diese Kraft wirkt in unsere Gegenwart und inspiriert Architektur, Handwerk, Plastik und Malerei:

Die geschmiedeten Raumskulpturen von Chillida, das Raumplastische bei Archipenko, Arp, Brancusi, Pevsner, Germaine Richier und Henry Moore; auch George Segal mit seinen Gipsabgüssen ist zu nennen; die Collagen von Max Ernst gehören dazu; Mendelsohns Einstein-Turm und seine Synagoge in Cleveland, Le Corbusiers Kapelle bei Ronchamps, Frank Lloyd Wrights Guggenheim-Museum, Felix Candelas hyperbolische Paraboloide, Sharouns Philharmonie und Jorn Utzons »Recht auf Ausdruck«, das er an seiner Oper in Sydney demonstriert.

Sind die Ursprünge bei allen hier dieselben wie dort? Die Versuchung liegt nahe, das Phänotypische mit dem Genotypischen zu verwechseln. Die dicken Mauern in der Kapelle von Ronchamps, mit zwei dünnen Monierwänden vorgetäuscht, Collagen als Bild, kinetische Konstruktionen, Aktionen — das alles spiegelt nur Leben oder Wahrheit in ein Werk hinein. Trotz äußerer Ähnlichkeit ist es von Gaudís Schaffen weit entfernt. Der Antrieb seines Schaffens entspringt innerer Notwendigkeit. Es ist von tiefer Religiosität bestimmt, ist Ausdruck des ganzen Menschen. Das läßt uns vielleicht die Verwandtschaft seiner Werke mit den Arbeiten aus Schwarz-Afrika begreifen. Hier wie dort hat alles dasselbe sinnliche, in langer Tradition geführte Leben, dieselbe Kraft des Ausdrucks und des Symbols. Der Franzose bezeichnet das, was sonst ›Primitive Kunst‹ genannt wird, mit ›Art Animisme‹. Damit trifft er, was hier gemeint ist: die Beseelung der Umwelt. Darunter ist zu verstehen das Im-Gleichgewicht-Halten der fundamentalen Kräfte der Natur, die Kultur des Sinnlichen, die kindhafte Daseinsfreude, die Scheu vor dem Geheimnis, die Religiosität. Für Gaudí ist nichts pro-fan, alles ist fanum.

Heidegger definiert: »Kunst ist das Ins-Werk-Bringen der Wahrheit.« Handwerk, Bilden, Bauen sind ein Ins-Werk-Bringen.
Gaudí war es vergönnt — allerdings mit dem Einsatz seiner ganzen Existenz — unter den Bedingungen der Zeitlichkeit etwas spezifisch Menschliches zum Ausdruck zu bringen: Ergriffenheit, Freiheit, Freude.
Sein Werk ist eine Frucht der Verinnerlichung. Das Handwerk hat sie zur Reife gebracht. Ihr Same ist Inspiration, birgt für uns Zukunft.
München, den 13. 3. 1974

Literatur

Enthält eine umfassende Literaturangabe
Sweeny James Johnson und
Sert Josep Lluis:
   Antoni Gaudí [A]   Stuttgart 1960
Le Corbusier:
   Gaudí [A]   Barcelona 1967
Sert Josep Lluis
   Cripta de la Colonia Güell
   de A. Gaudí   Barcelona 1968
Giedion C. — Welcker Carola:
   Park Güell de A. Gaudí   Barcelona 1971
Tapié Michel:
   Gaudí — La Pedrera [A]   Barcelona 1971
Kugler Silvia, Rotzler Willy,
Casanelles Enric:
   Antoni Gaudí
   Der Architekturplastiker
   in DU Atlantis [A]   Zürich 1966

Collins George R.:
  Antoni Gaudí [A]
  Große Meister der Architektur IV   Ravensburg 1962
Masini Lara Vinca:
  Antoni Gaudí [A]   Florenz 1969
Casanelles E.:
  Nueva Vision de Gaudí [A]   Barcelona 1965
Benevolo Leonardo:
  Geschichte der Architektur
  des 19. und 20. Jahrhunderts,   Bari 1960
  1. und 2. Band [A]   München 1964
Giedion S.:
  Architektur und das Phänomen
  des Wandels   Tübingen 1969
Giedion S.:
  Raum, Zeit und Architektur   Ravensburg 1965
Freyer Hans:
  Theorie des gegenwärtigen
  Zeitalters   Stuttgart 1958
  Schwelle der Zeiten
  Beiträge zur Soziologie der Kultur   Stuttgart 1965
Conrads Ulrich und
Sperlich Hans-G.
  Phantastische Architektur   Stuttgart 1960

Wingler Hans Ul:
 Das Bauhaus
 1919 bis 1933 Weimar, Dessau,
 Berlin, und die Nachfolge in Braunschweig
 Chicago seit 1937 2. erw. Auflage, 1962

Dschuang Dsi:
 Das wahre Buch vom südlichen
 Blütenland
 aus: Die Philosophie Chinas Düsseldorf, Köln 1972

Huizinga Johan:
 Homo Ludens
 Vom Ursprung der Kultur im Spiel Hamburg 1956

Wiedemann Josef:
 Ornament heute
 Reihe der Bayerischen Akademie München
 der Schönen Künste 3 2. Auflage 1974

Tessenow Heinrich: Baden-Baden
 Hausbau und dergleichen 4. Auflage 1953

Jung C. G.:
 Über die Psychologie des Unbewußten Zürich 1943, 1960

Die Abbildungen sind den Werken entnommen die mit [A] gekennzeichnet sind.

Lebensdaten

1852   25. Juni. Antoni Gaudí i Cornet wird in Reus, Provinz Tarragona, geboren.

1864   Gaudí tritt in das *Instituto de Segunda Enseñanza* in Reus ein.

1869—70   Projekt für die Restaurierung des Klosters von Poblet.

1873   Gaudís Eintritt in die *Escola Superior d'Arquitectura*, Barcelona.

1875—77   Zusammenarbeit mit dem Architekten Francesc de Paula Villar an der *Marienkapelle* des Klosters Montserrat.

1877—82   *Kaskade* im Park der Zitadelle von Barcelona, zusammen mit Eduard Fontseré.

1878   Architektendiplom. Mit einer Exkursionsgruppe katalanischer Architekten besucht Gaudí Montserrat, Elne, Mallorca, Pic de la Maladeta, Toulouse und Carcassone, wo Viollet-le-Duc seine Restaurierungsarbeiten beginnt. Interesse sowohl an archäologischen Fragen wie an den jüngsten technischen Entwicklungen. Verbindung zur katalanischen Genossenschaftsbewegung durch die Mitgliedschaft bei der *Societat Obrera Mataronense*. Erste Arbeiten als Städteplaner: Projekt für eine Arbeitersiedlung, das auf genossen-

schaftlichen Ideen basiert. Das Projekt wird auf der Pariser Weltausstellung von 1878 gezeigt.
Vitrine für den Handschuhfabrikanten Esteban Comella, Pariser Weltausstellung 1878.

1878—80 *Haus Vicens.* Mudejarischer Einfluß in der Verwendung von Ziegeln und Keramikkacheln. Bemerkenswerte Schmiedearbeiten.

1878—82 Projekt für eine Fabrik, ein Gemeinschaftshaus und Arbeiterwohnungen für die *Obrera Mataronense.* Teilweise verwirklicht.

1879 *Apotheke Gibert,* Passeig de Gracia, Barcelona. Nicht erhalten.

1882 Grundsteinlegung für die *Sagrada Familia.* Villar, der erste Architekt der *Sagrada Familia,* trat zurück, als die Arbeit an der Krypta gerade begann. Der Neogotiker Martorell, dem die Übernahme des Baues angetragen wurde, verzichtet zugunsten Gaudís. Baubeginn in *Les Corts,* einem Güellschen Besitz in unmittelbarer Nähe Barcelonas. Pförtnerhaus und zylinderförmige Stallung.

1883 Gaudí nimmt die Arbeit an der *Sagrada Familia* auf, die sich fortsetzt bis zu seinem Tode 1926. Arbeiten an der Krypta zwischen 1884 und 1891.

1883—85 Haus *El Capricho* für Máximo Diax de Quijano in Comillas, Nordspanien.

1885—89 *Haus Güell* in der früheren Carrer Nou nach zahlreichen vorhergehenden Projekten. Malerei und Wanddekor von Clapés.

1887 Gaudí erhält von dem Bischof von Astorga, der wie Gaudí aus Reus stammt, den Auftrag für den Neubau des durch Feuer zerstörten *bischöflichen Palais*. Katalanische Arbeiter werden nach Astorga gebracht, damit sie »Gaudís Gedankengänge vollkommen ausführen können«. Gaudí arbeitet bis 1893 an diesem Projekt.

Pavillon für die *Compañía Transatlántica* auf der See-Ausstellung in Cadiz, in maurischem Stil.

1888   Pavillon für die *Compañía Transatlántica* auf der Weltausstellung in Barcelona. Direkte Abgüsse von Details der Alhambra als Stuckdekoration.

1889—94   Konventsgebäude für das *Theresienkloster*, Barcelona.

1891   Gaudí beginnt das Ostportal der *Sagrada Familia*.

1892—93   Entwurf für die *Franziskanermission* in Tanger, nicht ausgeführt. Enthält bereits die Konzeption der Türme der *Sagrada Familia*.

1892—94   *Casa de los Botines*, Plaza San Marcelo, León.

1895   Projekt für das *Grab der Familie Güell* im Kloster Montserrat.

1898   Gaudí nimmt die Arbeit an der *Kapelle der Kolonie Güell* in Santa Coloma de Cervelló auf.

1900   Beginn der Arbeiten am *Park Güell*, als Gartenstadt geplant. Die Arbeiten werden 1914 eingestellt; heute öffentlicher Park.

1900—02   Landhaus *Bell-Esguard* für Jaume Figueras im Vorort La Bonanova, Barcelona.

1904   Skulpturen auf dem *Montserrat*, zur Verherrlichung der Geheimnisse des Rosenkranzes. Nur eine der Skulpturen wird unter Gaudís Leitung ausgeführt.

Projekt für eine *Brücke* über den Fluß Pomeret in Sarrià, Barcelona.

	Sala Mercè, Vergnügungslokal und Lichtspieltheater in der Rambla, Barcelona (nicht mehr erhalten).
1904—14	Restaurierung der *Kathedrale von Palma*, Mallorca (nicht vollendet).
1905—07	*Haus Batlló*. Die Inneneinrichtung stammt ganz von Gaudí.
1905—10	*Haus Milà*. Gaudís größtes Appartementhaus, zugleich sein letzter Wohnbau. Wie die *Villa Güell*, der *Park Güell*, die *Sagrada Familia*, die *Kapelle* in der Siedlung Güell und viele andere seiner Unternehmungen unvollendet.
1907	Farbige Glasfenster für die *Kathedrale von Palma*. Nur zwei werden ausgeführt.
1908	Entwurf für das *Denkmal Jaumes I*. und die Gestaltung der Plaza del Rey und der angrenzenden Gebäude, Barcelona
1908—10	Entwurf für die Kapelle des *Theresienklosters*, Barcelona.
1909	*Gemeindeschule* an der *Sagrada Familia*.
1910	Ausstellung von Modellen, Photographien und Entwürfen Gaudís im Salon der *Société Nationale des Beaux Arts*.
1918	*8. Juli. Tod des Grafen Güell.*
1923	Studien für eine *Kapelle* in der Kolonie Calvet, Torello, nach den Konstruktionsprinzipien der *Sagrada Familia*.
1926	Fertigstellung eines Glockenturms der *Sagrada Familia*. 7. Juni. Gaudí wird von einer Straßenbahn überfahren. 10. Juni. Tod im Hospital de la Santa Creu.